OBJETIVOS GENERALES

Los objetivos generales del título **Derecho a la libertad sexual. Garantías y protección de la Ley Orgánica 10/2022** son los siguientes:

- Conocer en qué consiste el derecho a la libertad sexual y el concepto de violencia sexual.
- Desarrollar las medidas propuestas por la Ley Orgánica 10/2022 en los distintos ámbitos de actuación.
- Analizar las actuaciones para detectar los casos de violencia sexual y las características de la formación especializada.
- Comparar los distintos tipos de derechos que asisten a las víctimas de violencias sexuales y las actuaciones pertinentes.

Derecho a la libertad sexual. Garantías y protección de la Ley Orgánica 10/2022

Alicia Jiménez García

ic editorial

Derecho a la libertad sexual. Garantías y protección de la Ley Orgánica 10/2022

1.ª Edición

Editado por: IC Editorial
c/ Cueva de Viera, 2, Local 3
Centro Negocios CADI
29200 Antequera (Málaga)
Teléfono: 952 70 60 04
Fax: 952 84 55 03
Correo electrónico: iceditorial@iceditorial.com
Internet: www.iceditorial.com

ISBN: 978-84-1184-330-0
Depósito Legal: MA 1996-2024

Impresión: PODiPrint
Impreso en Andalucía - España

Nota de la editorial: IC Editorial pertenece a Innovación y Cualificación S. L.

Índice

Unidad de Aprendizaje 1
Libertad sexual y violencia sexual

1. Introducción 9
2. ¿En qué consiste el derecho a la libertad sexual? 9
3. ¿Qué es violencia sexual? 12
4. Apoyo normativo e institucional. Ley Orgánica 10/2022 15
5. Resumen 19
   Ejercicios de autoevaluación 21

Unidad de Aprendizaje 2
Medidas integrales y formación en violencia sexual

1. Introducción 25
2. Finalidad y principios de las medidas integrales 25
3. Ámbitos de aplicación de las medidas de prevención y sensibilización 29
4. ¿Cómo detectar la violencia sexual? Protocolos de actuación 35
5. Formación para la prevención y sensibilización de la violencia sexual 38
6. Resumen 41
   Ejercicios de autoevaluación 45

Unidad de Aprendizaje 3
Derechos de las víctimas y actuaciones sobre el delito

1. Introducción 51
2. Derechos de las víctimas 51
3. Actuaciones policiales y judiciales 57
4. Resumen 59
   Ejercicios de autoevaluación 61

Glosario 65

Bibliografía 69

Unidad de Aprendizaje 1

Libertad sexual y violencia sexual

Contenido

1. Introducción
2. ¿En qué consiste el derecho a la libertad sexual?
3. ¿Qué es violencia sexual?
4. Apoyo normativo e institucional. Ley Orgánica 10/2022
5. Resumen

Objetivos

El objetivo general de esta Unidad de Aprendizaje es:

→ Conocer en qué consiste el derecho a la libertad sexual y el concepto de violencia sexual.

Los objetivos específicos de esta Unidad de Aprendizaje son:

→ Diferenciar los conceptos de libertad sexual e indemnidad sexual.

→ Describir los recursos que tienen las víctimas que han sufrido violencia sexual.

→ Identificar las situaciones que tienen la consideración de violencia sexual.

1. Introducción

Entre los derechos humanos con los que cuentan las personas, están la libertad y la seguridad, y, muy relacionados con estos, la libertad en las relaciones personales y en las decisiones íntimas. A lo largo de la historia, estos derechos han podido ser ejercidos por las mujeres con ciertas trabas, ya que todo aquello que era contrario al rol de género preestablecido ha sido objeto de discriminación o acciones violentas.

Nuestra carta magna, la Constitución española, regula en su articulado un conjunto de mandatos claros a los poderes públicos para que actúen en este sentido. Por ejemplo, "corresponde a los poderes públicos promover las condiciones para que la libertad y la igualdad del individuo y de los grupos en que se integra sean reales y efectivas"; "la dignidad de la persona, los derechos inviolables que le son inherentes, el libre desarrollo de la personalidad, el respeto a la ley y a los derechos de los demás son fundamento del orden político y de la paz social", etc.

Para analizar los conceptos de libertad sexual y violencia sexual nos vamos a basar en las relaciones personales de Margarita con su entorno y en su trabajo.

2. ¿En qué consiste el derecho a la libertad sexual?

HILO CONDUCTOR

Margarita es una mujer joven, culta, extrovertida y activista de muchas causas. Vive con su pareja en la localidad de Monte Perdido, donde ejerce como profesora de Biología en el IES Doctora Alicia Romero. Imparte clase a distintos grupos de ESO y bachiller. Ha podido observar que las relaciones afectivas entre su alumnado se dan con bastante asiduidad.

En la Declaración Universal de Derechos Humanos se manifiesta que las personas tienen obligaciones para con su comunidad, ya que es en ella donde se desarrollan de forma libre y plena. Sus derechos y sus libertades solo pueden estar limitados por las normas legales, que aseguran el reconocimiento y el respeto de los derechos y las libertades de ellas y del resto, además de satisfacer sus exigencias morales.

PARA SABER MÁS

La Declaración Universal de Derechos Humanos es un documento compuesto por un conjunto de derechos fundamentales. Si quieres consultarla, puedes acceder aquí:

https://redirectoronline.com/derecholibertadsexual0101

En nuestro país, la Constitución española regula el derecho fundamental a la libertad de las personas, indicando en su articulado que **"se garantiza el derecho al honor, a la intimidad personal y familiar y a la propia imagen".** Se puede deducir que de forma indirecta el derecho a la libertad sexual está incluido en dicho precepto.

El **derecho a la libertad sexual** se define como el derecho que tienen las personas a elegir de forma libre sobre sus relaciones sexuales, de forma que no exista violencia, intimidación u obligatoriedad por alguna de las partes. En esta elección libre la persona decide sobre tres elementos importantes de sus relaciones sexuales:

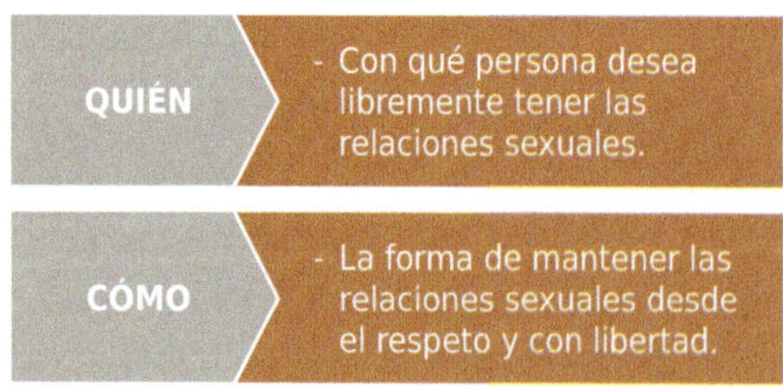

Continúa en página siguiente >>

<< Viene de página anterior

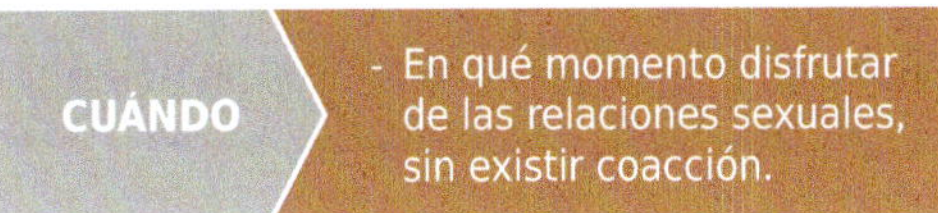

NOTA

La libertad sexual y la indemnidad sexual son derechos de las personas relacionados con su sexualidad.

ACTIVIDAD COMPLEMENTARIA

1. Responde a la siguiente cuestión: ¿qué diferencias hay entre indemnidad sexual y libertad sexual? Busca información para razonar tu respuesta.

EJEMPLO

Patricio es un chico de dieciocho años de una localidad rural del sur de Madrid. Su pueblo solo tiene novecientos habitantes, lo que lo convierte en una gran familia vecinal. Hace unos días ha llegado al pueblo una familia nueva con dos hijos, Daniel y Clara. Como son de la misma edad que Patricio, enseguida han entablado amistad.

Con el paso del tiempo, Patricio y Daniel se han convertido en algo más que amigos, aunque ocultan sus muestras de cariño en público por las represalias que hasta el momento han recibido por parte de algunos vecinos. Al ser un pueblo pequeño de costumbres antiguas, estos no entienden su relación homosexual.

En este caso se ve claramente que la pareja formada por Patricio y Daniel tiene coartada su libertad sexual, al sentirse intimidados por los vecinos del pueblo. Para que estos pudieran ejercer su derecho libremente, deberían poder

Continúa en página siguiente >>

<< Viene de página anterior

acariciarse, besarse e incluso pasear juntos en público, sin miedo a reacciones violentas.

3. ¿Qué es violencia sexual?

HILO CONDUCTOR

Una alumna de Margarita lleva varios días sin asistir a clase, y nadie de su entorno conoce la causa. Se ha puesto en contacto con su familia para saber qué ocurre y le ha explicado que desde la semana pasada hay en las redes sociales fotos y vídeos de ella manteniendo relaciones sexuales. ¿Está Margarita ante un acto de violencia sexual?

La Ley Orgánica 10/2022, de 6 de septiembre, de garantía integral de la libertad sexual tiene como objeto, además de la protección del derecho a la libertad sexual, la **eliminación de toda forma de violencia sexual.** Las Administraciones estatales y autonómicas han de aplicar políticas efectivas para sensibilizar, prevenir, detectar y sancionar las violencias sexuales; además de crear medidas de protección integral que respalden la respuesta especializada a las víctimas de este tipo de violencia.

IMPORTANTE

Las políticas y medidas creadas por las instituciones públicas son aplicadas a las personas que hayan sido víctimas de violencia sexual en nuestro país, independientemente de su situación y su nacionalidad; así como a las víctimas de nacionalidad española cuando el acto haya ocurrido en el extranjero.

Se entiende por **violencia sexual** la situación dada en el ámbito público, privado o digital en la que exista alguna de las siguientes circunstancias:

No haya consentimiento por alguna de las partes.

Afecte al libre desarrollo de la vida sexual de la persona.

NOTA

El día 25 de noviembre es el Día Internacional de la Eliminación de la Violencia contra la Mujer.

Tienen la consideración de violencias sexuales los siguientes actos:

- Según el **Código Penal,** los siguientes delitos:
  - Las agresiones sexuales, en general y a los menores de 16 años.
  - El acoso sexual en el ámbito laboral, docente o de prestación de servicios.
  - El exhibicionismo y provocación sexual ante menores o personas discapacitadas.
  - La prostitución, la explotación sexual y la corrupción de menores o personas con discapacidad.
- Según la **Ley de garantía integral de la libertad sexual:**
  - La mutilación genital femenina.
  - El matrimonio forzado.
  - El acoso con matices sexuales.
  - La trata con fines de explotación sexual.
  - En el ámbito digital se incluye:
    - La difusión de actos de violencia sexual.
    - La pornografía no consentida.
    - La pornografía infantil.
    - La extorsión sexual por medios tecnológicos.

SABÍAS QUE...

La Ley de garantía integral de la libertad sexual (L. O. 10/2022) se conoce coloquialmente como ley del solo sí es sí, ya que su pilar fundamental es el consentimiento antes de cualquier relación sexual.

APLICACIÓN PRÁCTICA

Alejandra es psicóloga del centro de salud de su ciudad. En los últimos tiempos está tratando a muchos pacientes con patologías derivadas de las relaciones personales. Ayúdala a identificar cuáles de las siguientes situaciones tienen la consideración de violencia sexual, para que le quede un poco más claro.

- **La madre de Matilde la obliga a casarse con el primo de su padre, ya que la compensación económica que recibe la familia por la boda le soluciona la situación por la que están atravesando.**
- **Fernando ha mantenido relaciones sexuales con su pareja, Carlota, y se han grabado en vídeo para difundirlo en un canal de YouTube de educación sexual que tienen.**
- **Alina ha llegado a España desde Polonia para trabajar como camarera en un restaurante, aunque finalmente resulta ser un prostíbulo.**
- **Pedro conoce a Rogelio en un bar y mantienen una relación sexual esporádica consentida.**

Solución

Se consideran violencias sexuales la boda de Matilde con el primo de su padre, ya que es un matrimonio forzado; y el trabajo de Alina en el prostíbulo, por ser trata con fines de explotación sexual. En el caso de Fernando y Carlota, aunque hay difusión por las redes sociales, existe consentimiento por ambas partes por ser el canal de su propiedad. Al igual que ocurre con el caso de Pedro y Rogelio, al existir el consentimiento por ambas partes.

4. Apoyo normativo e institucional. Ley Orgánica 10/2022

HILO CONDUCTOR

Lo que le está ocurriendo a Carolina está tipificado como una forma de violencia sexual, y así se lo hace saber Margarita a su familia. La dirección del centro le ha proporcionado información sobre las instituciones públicas, herramientas y las normas legales que pueden ayudarla en este duro proceso. Además, el centro ha puesto en marcha el protocolo de actuación correspondiente.

El Ministerio de Igualdad y sus delegaciones, junto con el Ministerio de Justicia, entre otros, han aunado esfuerzos para configurar un **marco normativo con identidad propia en materia de igualdad.** El conjunto de normas de la legislación española que está relacionado con el derecho a la libertad sexual y a la no violencia sexual es extenso. Va desde las leyes que regulan los derechos más fundamentales como la Constitución hasta las que son más específicas, como la Ley para la igualdad real y efectiva de las personas trans y para la garantía de los derechos de las personas LGTBI.

Las víctimas de violencias sexuales cuentan, entre otras normas legales, con las siguientes:

- Ley Orgánica 10/2022, de 6 de septiembre, de garantía integral de la libertad sexual
- Ley Orgánica 8/2021, de 4 de junio, de protección integral de la infancia y la adolescencia frente a la violencia
- Ley Orgánica 3/2007, de 22 de marzo, para la igualdad efectiva de mujeres y hombres
- Ley Orgánica 1/2004, de 28 de diciembre, de Medidas de Protección Integral contra la Violencia de Género
- Ley 1/2021, de 24 de marzo, de medidas urgentes en materia de protección y asistencia a las víctimas de violencia de género
- Ley 4/2015, de 27 de abril, del Estatuto de la víctima del delito
- Ley 35/1995, de 11 de diciembre, de ayudas y asistencia a las víctimas de delitos violentos y contra la libertad sexual

NOTA

También se publica la estrategia estatal para combatir las violencias machistas 2022-2025, que, más que una norma legal, es un instrumento eficaz para configurar las actuaciones derivadas de las políticas públicas que contribuyen a la prevención, detección, eliminación y reparación de todas las formas de violencias contra las mujeres. Con la estrategia se cumplen algunas de las directrices contenidas en el Convenio de Estambul.

Puedes consultar esta estrategia accediendo aquí:

https://redirectoronline.com/derecholibertadsexual0102

Los organismos públicos tienen disponibles distintos instrumentos cuya función principal es la reparación del daño causado a las víctimas por actos violentos de naturaleza sexual. El Ministerio de Igualdad pone en marcha la creación de los **centros de atención integral veinticuatro horas,** con el objetivo de amparar y acompañar a las víctimas de violencia sexual. De esta forma, se da cumplimiento al derecho recogido en el artículo 33 de la Ley Orgánica 10/2022 relativo a la asistencia integral especializada y accesible.

VÍDEO

Los centros de atención integral veinticuatro horas son centros de crisis habilitados para las víctimas de violencias sexuales, ya sean recientes o pasadas. Puedes ver un vídeo en el que se explica de forma detallada en qué consisten estos centros, accediendo aquí:

Continúa en página siguiente >>

<< Viene de página anterior

https://redirectoronline.com/derecholibertadsexual0103

Otro instrumento promovido por el Ministerio de Igualdad son los denominados **puntos violeta.** Son espacios habilitados para apoyar y ayudar a las víctimas de violencias sexuales (violencia machista), implicando a toda la ciudadanía en la lucha, acercando los servicios a la víctima y facilitando información a empresas, organismos, entidades, etc., sobre las actuaciones que llevar a cabo en estos casos. Las herramientas con las que cuenta el punto violeta son guías de información, carteles y adhesivos para las empresas, y distintivos de identificación de personas implicadas.

VÍDEO

La inmediatez con la que los puntos violeta ayudan y apoyan a la víctima de violencia sexual es un factor fundamental en estos casos. Puedes ver un vídeo ilustrativo de ello accediendo aquí:

https://redirectoronline.com/derecholibertadsexual0104

Tanto las instituciones nacionales como las autonómicas elaboran **campañas publicitarias** y crean **guías** para sensibilizar a la población, en general, sobre la violencia sexual. A continuación, se muestran algunos ejemplos.

EJEMPLO

Puedes acceder a cada ejemplo desde aquí:

- Consejería de Igualdad, Políticas Sociales y Conciliación de la Junta de Andalucía → Guía informativa sobre el derecho a la libertad sexual

https://redirectoronline.com/derecholibertadsexual0105

- Dirección General para la Diversidad Sexual y los Derechos LGTBI → *Spot* publicitario "Diferentes es iguales"

https://redirectoronline.com/derecholibertadsexual0106

- Ministerio de Igualdad → Campaña "El sexo es un sí"

https://redirectoronline.com/derecholibertadsexual0107

Continúa en página siguiente >>

<< Viene de página anterior

- Delegación del Gobierno contra la Violencia de Género → Campaña "#CeroDieciséis: La violencia sexual no es una película"

https://redirectoronline.com/derecholibertadsexual0108

TAREA 1

Alejandra le ha contado a su amigo Carlos que en la fiesta de graduación de su hermana sufrió tocamientos en sus partes íntimas por parte de uno de los profesores del instituto, que ya se le había insinuado en varias ocasiones.

¿Crees que Alejandra ha sufrido violencia sexual? Si tu respuesta es afirmativa, indica de qué tipo de violencia se trata.

¿Cómo puede ayudarla Carlos?

5. Resumen

La Declaración de Derechos Humanos y la Constitución española recogen desde antaño el derecho de las personas a desarrollarse, en todos los sentidos, de forma libre y plena, además del derecho a la intimidad personal. La **libertad sexual** se define como el derecho de las personas a elegir libremente con quién, cómo y cuándo mantener relaciones sexuales libres, es decir, sin que exista violencia, intimidación u obligatoriedad. Para que exista **violencia sexual,** no debe haber consentimiento por alguna de las partes, o se tiene que ver afectado el libre desarrollo de la vida sexual de la persona, ya sea en el ámbito público, privado o digital. Se consideran como tales las siguientes situaciones:

- Agresiones sexuales
- Acoso sexual en el ámbito laboral, docente o de prestación de servicios
- Exhibicionismo y provocación sexual a menores y discapacitados
- Mutilación genital femenina
- Matrimonio forzado
- Acoso con matices sexuales
- Trata con fines de explotación sexual
- Difusión de actos sexuales, pornografía y extorsión por medios digitales

El objeto de la **Ley Orgánica 10/2022, de 6 de septiembre, de garantía integral de la libertad sexual** es la protección del derecho a la libertad sexual y la eliminación de toda forma de violencia sexual.

Existe un conjunto de **normas legales que dan cobertura a las víctimas sexuales,** y entre ellas se encuentran la Ley Orgánica 10/2022, de 6 de septiembre; la Ley 1/2021, de 24 de marzo; la Ley Orgánica 8/2021; la Ley 4/2015, de 27 de abril; la Ley Orgánica 3/2007, de 22 de marzo, y la Ley Orgánica 1/2004, de 28 de diciembre. Estas normas se complementan con la estrategia estatal para combatir las violencias machistas.

Los organismos públicos cuentan con diversos instrumentos que persiguen fines distintos en relación con las violencias sexuales:

Reparar el daño causado, amparar y acompañar a la víctima
- Ministerio de Igualdad:
    - Centros de atención integral veinticuatro horas
    - Puntos violeta

Sensiblización de las personas
- Consejería de Igualdad, Políticas Sociales y Conciliación de la Junta de Andalucía
    - Guía "El derecho a la libertad sexual"
- Dirección General para la Diversidad Sexual y los Derechos LGTBI
    - Spot "Diferentes es iguales"
- Ministerio de Igualdad
    - Campaña "El sexo es un sí"
- Delegación del Gobierno contra la Violencia de Género
    - Campaña "#CeroDieciséis: La violencia sexual no es una película"

Ejercicios de autoevaluación Unidad de Aprendizaje 1

1. **Indica si la siguiente afirmación es verdadera o falsa: "El derecho a la libertad sexual es decidir libremente sobre con quién, cómo y cuándo mantener relaciones sexuales".**

    - Verdadero
    - Falso

2. **¿Cuál es el objeto de la Ley de garantía integral de la libertad sexual?**

    a. La protección del derecho a la libertad sexual.
    b. La erradicación de toda forma de violencia sexual.
    c. La igualdad entre hombres y mujeres en todos los ámbitos de su vida.
    d. Las opciones a y b son correctas.

3. **Indica si la siguiente afirmación es verdadera o falsa: "A las víctimas de nacionalidad española que han sufrido violencia sexual en el extranjero no les serán de aplicación las medidas de las instituciones públicas españolas".**

    - Verdadero
    - Falso

4. **¿Qué circunstancias se tienen que dar para que exista violencia sexual? Señala todas las respuestas correctas.**

    a. La inexistencia de consentimiento por alguna de las partes.
    b. La afectación al libre desarrollo de la vida sexual de la persona.
    c. La duración de la agresión a la persona.
    d. El ámbito en el que se ha producido la situación.

5. **¿Cuáles de las siguientes situaciones se consideran violencia sexual?**

    a. La circuncisión masculina.
    b. El matrimonio forzado.
    c. La corrupción de menores.
    d. El exhibicionismo ante personas discapacitadas.

6. ¿Qué se celebra el 25 de noviembre?

a. El Día Internacional de la Mujer
b. El Día Internacional de la Eliminación de la Violencia contra la Mujer
c. El Día Mundial de la Libertad Sexual
d. El Día Europeo de la Intolerancia en la Pareja

7. ¿Cuál es la Ley de garantía integral de la libertad sexual?

a. Ley 1/2021, de 24 de marzo
b. Ley Orgánica 8/2021, de 4 de junio
c. Ley 4/2015, de 27 de abril
d. Ley Orgánica 10/2022, de 6 de septiembre

8. Indica si la siguiente afirmación es verdadera o falsa: "La Ley de garantía integral de la libertad sexual se conoce coloquialmente como la ley del solo sí es sí".

- Verdadero
- Falso

9. El Gobierno, para cumplir con el derecho de asistencia integral especializada y accesible de las víctimas de violencia sexual, ha creado...

a. ... el Instituto de las Mujeres.
b. ... el Observatorio de las Violencias Sexuales.
c. ... los centros de atención integral 24 h.
d. ... la Secretaría General Técnica del Ministerio de Igualdad.

10. Indica si la siguiente afirmación es verdadera o falsa: "Con los puntos violeta se cumple con el derecho de la víctima a la asistencia integral especializada y accesible de la ley orgánica".

- Verdadero
- Falso

Unidad de Aprendizaje 2

Medidas integrales y formación en violencia sexual

Contenido

1. Introducción
2. Finalidad y principios de las medidas integrales
3. Ámbitos de aplicación de las medidas de prevención y sensibilización
4. ¿Cómo detectar la violencia sexual? Protocolos de actuación
5. Formación para la prevención y sensibilización de la violencia sexual
6. Resumen

Objetivos

Los objetivos generales de esta Unidad de Aprendizaje son:

→ Desarrollar las medidas propuestas por la Ley Orgánica 10/2022 en los distintos ámbitos de actuación.

→ Analizar las actuaciones para detectar los casos de violencia sexual y las características de la formación especializada.

Los objetivos específicos de esta Unidad de Aprendizaje son:

→ Indicar las medidas de prevención aplicadas en unos supuestos dados.

→ Definir los distintos protocolos de actuación que la norma legal regula.

→ Identificar qué sectores profesionales requieren formación en materia de violencias sexuales.

1. Introducción

El Convenio de Estambul, ratificado por España, conceptualiza la violencia contra las mujeres como "todos los actos de violencia basados en el género que implican o pueden implicar para las mujeres daños o sufrimientos de naturaleza física, sexual, psicológica o económica, incluidas las amenazas de realizar dichos actos, la coacción o la privación arbitraria de libertad, en la vida pública o privada". Recoge un mandato para las instituciones públicas basado en la elaboración de medidas de actuación para luchar contra este tipo de violencia.

Además, los objetivos de desarrollo sostenible de la Agenda 2030 de las Naciones Unidas dan un impulso a esta lucha, al incluir como uno de los fines del objetivo número 5 la erradicación de cualquier forma de violencia contra las mujeres y las niñas, el matrimonio infantil y la mutilación genital femenina.

Aunque, a lo largo de la historia, España ha ratificado tratados y convenios internacionales relacionados con las violencias sexuales y los ha trasladado al ordenamiento legislativo, no ha conseguido un avance integral en la lucha contra las violencias sexuales. A esto da respuesta la Ley Orgánica 10/2022, de 6 de septiembre, de garantía integral de la libertad sexual, junto con la Ley Orgánica 1/2004, de 28 de diciembre, de Medidas de Protección Integral contra la Violencia de Género.

Las medidas de actuación para prevenir y detectar, además de la formación en materia de lucha contra las violencias sexuales, se van a explicar a través de las distintas casuísticas que tiene que abordar Margarita en su labor como docente.

2. Finalidad y principios de las medidas integrales

Margarita está interesada en conocer más sobre las violencias sexuales para dar una respuesta más adecuada a los casos que se le puedan presentar en

Continúa en página siguiente >>

<< Viene de página anterior

su aula. Ha consultado la ley del solo sí es sí, comprobando que desarrolla un conjunto de medidas, sus finalidades y principios rectores.

La Ley de garantía integral de la libertad sexual establece que la **eliminación de la violencia sexual ha de ser el fundamento de las actuaciones** de las Administraciones públicas, orientadas hacia la prevención, sensibilización, detección y protección hacia este tipo de violencia. Las medidas aplicables en los distintos ámbitos persiguen unos fines muy claros y diversos. Además, estas se rigen por un conjunto de principios bien definidos.

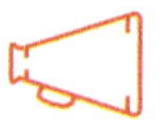

RECUERDA

Se considera violencia sexual según la ley orgánica "cualquier acto de naturaleza sexual no consentido o que condicione el libre desarrollo de la vida sexual en cualquier ámbito público o privado, incluyendo el ámbito digital".

Las medidas de protección y de prevención que se aplican a los casos de violencia sexual **persiguen,** según la Ley Orgánica 10/2022, los siguientes aspectos:

- **Mejorar**
  - Mejorar la investigación, la recolección, la recopilación y la producción de datos sobre todas las formas de violencia sexual.
- **Fortalecer**
  - Fortalecer las medidas de sensibilización ciudadana y de prevención.
  - Fortalecer el marco legal vigente.
- **Garantizar**
  - Garantizar los derechos de las víctimas de violencias sexuales exigibles ante las Administraciones públicas.
  - Garantizar la autonomía económica de las víctimas.

- Garantizar la reparación integral de las víctimas de las violencias sexuales.
- Garantizar la adecuada formación y capacitación de las personas profesionales que intervienen.

Establecer

- Establecer un sistema integral de tutela institucional.

Promover

- Promover la colaboración y participación de las entidades, asociaciones y organizaciones.

Asegurar

- Asegurar el principio de transversalidad de las medidas.

PARA SABER MÁS

Si quieres conocer con todo detalle lo que persiguen las medidas de protección y prevención, accede aquí y dirígete al apartado 3 del artículo 1 de la ley orgánica:

https://redirectoronline.com/derecholibertadsexual0201

Las medidas de actuación que llevan a cabo las instituciones públicas para que las personas ejerzan su derecho a la libertad sexual y se consiga la erradicación de todas las formas de violencia sexual se rigen por un conjunto de **principios** recogidos en la Ley de garantía integral de la libertad sexual. Estos son:

- **Respeto, protección y garantía de derechos:** las actuaciones de los órganos públicos y de los profesionales han de respetar, proteger y garantizar los derechos humanos emanados de los tratados internacionales.
- **Diligencia debida:** la respuesta de las instituciones ante un caso de violencia sexual debe darse desde todos los ámbitos: prevención, protección, asistencia, reparación a las víctimas y promoción de la justicia.
- **Enfoque de género:** los organismos públicos han de incluir un enfoque de género en la aplicación y en la evaluación del impacto de las directrices de la Ley Orgánica 10/2022. Además, han de promover y aplicar políticas de igualdad entre mujeres y hombres.
- **Prohibición de discriminación:** la Administración pública debe velar por que la aplicación de las medidas se realice sin discriminación por razón de sexo, género, origen racial o étnico, nacionalidad, religión o creencias, salud, edad, clase social, orientación sexual, identidad sexual, discapacidad, estado civil, migración o situación administrativa.
- **Atención a la discriminación interseccional y múltiple:** las víctimas de violencia sexual que además estén afectadas por otros factores discriminatorios tales como origen racial o étnico, nacionalidad, discapacidad, orientación sexual, identidad sexual, edad, salud, clase social, migración o situación administrativa tendrán una respuesta institucional especial.
- **Accesibilidad:** las acciones y medidas incluidas en la ley deben ser accesibles, comprensibles y de fácil aplicación por todas las víctimas. De esta forma, cualquier persona discapacitada, dependiente, con dificultades por el idioma o por pertenecer a una cultura distinta puede ejercer su derecho.
- **Empoderamiento:** las políticas derivadas de la ley orgánica han de tener en consideración especial los derechos de las víctimas cuando se apliquen sus medidas, de forma que se promueva su autonomía y se les faciliten herramientas adecuadas para potenciar su situación personal, evitando la revictimización.
- **Participación:** las víctimas de las violencias sexuales, las asociaciones feministas, la sociedad civil, las organizaciones sindicales y empresariales, y muy especialmente las mujeres, han de tener garantizada su participación en el diseño, aplicación y evaluación de las políticas públicas procedentes de la ley orgánica.
- **Equidad territorial:** las políticas públicas que las instituciones aplicarán por mandato de la ley orgánica deben garantizar el acceso igualitario a los servicios y recursos en todos los territorios, haciendo mayor hincapié en el ámbito rural y en las zonas periféricas de las ciudades.
- **Cooperación:** las Administraciones públicas y demás organismos involucrados en la lucha contra las violencias sexuales cooperarán para aplicar las políticas derivadas de la ley orgánica.

3. Ámbitos de aplicación de las medidas de prevención y sensibilización

HILO CONDUCTOR

Después del caso de Carolina, la dirección del instituto quiere aplicar medidas preventivas y de sensibilización relacionadas con las violencias sexuales, entre los alumnos y las alumnas del centro. La Ley Orgánica 10/2022 recoge un conjunto amplio de medidas en distintos ámbitos, entre los que se encuentran el educativo, el digital y el de la comunicación.

Las medidas de prevención y de sensibilización son una buena herramienta con la que combatir las violencias sexuales desde su origen y en los distintos ámbitos de la vida de las personas. La **Ley Orgánica 10/2022 desarrolla estas medidas en el capítulo I de su título II** en ámbitos tales como educativo, sanitario, sociosanitario, de servicios sociales, digital y de la comunicación, publicitario, laboral, administración y órganos públicos, instituciones residenciales, penitenciarias o de internamiento, espacios públicos, partidos políticos y sindicatos.

Desde la Administración pública se fomentan una serie de **campañas para prevenir e informar sobre las violencias sexuales** en el ámbito público, privado y digital. Estas se emiten en medios de comunicación públicos y se difunden en centros educativos, sanitarios, sociales, laborales, culturales y deportivos.

Los contenidos de las campañas dependen de a quién van dirigidas; es por ello que se pueden agrupar como se muestra:

- **A la población en general:**
  - Campañas de concienciación para luchar contra los estereotipos de género. Ejemplo: "La masculinidad del mañana".
  - Campañas de concienciación y sensibilización para disuadir sobre el consumo de servicios relacionados con la explotación sexual, prostitución y pornografía.
  - Campañas de concienciación y sensibilización que destaquen la importancia que tienen los grupos de mujeres supervivientes o feministas como instrumentos para el cambio. Ejemplo: "Juntas".

- **A los hombres, adolescentes y niños:**
  - Campañas de concienciación y sensibilización para eliminar los prejuicios por los roles adoptados por estereotipos de género.
  - Campañas de concienciación y sensibilización que ayuden en la prevención de todas las formas de violencia y en el consumo de servicios relacionados con la explotación sexual y la pornografía. Ejemplo: "Contra la trata de mujeres. No inviertas en sufrimiento".
  - Campañas de concienciación y sensibilización que impulsen la toma de responsabilidad en grupos de iguales, como agente de cambio. Ejemplo: "Machismo es violencia".
- **A las mujeres, niñas y niños:**
  - Campañas informativas que los ayuden a identificar las situaciones del ciclo de la violencia de género y les den a conocer los derechos, actuaciones y recursos disponibles en relación con las violencias sexuales. Ejemplo de cartel: "Estás en un lugar seguro".

Puedes acceder a los ejemplos mencionados desde aquí:

"La masculinidad del mañana"

https://redirectoronline.com/derecholibertadsexual0204

Continúa en página siguiente >>

<< Viene de página anterior

"Juntas"

https://redirectoronline.com/derecholibertadsexual0205

"Contra la trata de mujeres. No inviertas en sufrimiento"

https://redirectoronline.com/derecholibertadsexual0206

"Machismo es violencia"

https://redirectoronline.com/derecholibertadsexual0207

Continúa en página siguiente >>

<< Viene de página anterior

"Estás en un lugar seguro"

https://redirectoronline.com/derecholibertadsexual0208

Entre los ámbitos que han de aplicar medidas integrales relacionadas con las violencias sexuales están el ámbito educativo y el ámbito laboral. Sobre ellos cabe señalar lo siguiente:

- **Ámbito educativo:** las medidas se basan en la incorporación de contenidos formativos sobre coeducación y pedagogía feminista adecuados para el alumnado según el nivel educativo, la edad y las circunstancias especiales que posean. Según la ley orgánica, "los currículos de todas las etapas educativas no universitarias incluirán contenidos formativos sobre el uso adecuado y crítico de internet y las nuevas tecnologías, destinados a la sensibilización y prevención de las violencias sexuales, la protección de la privacidad y los delitos cometidos a través de las nuevas tecnologías de la información y la comunicación".
  Estos contenidos formativos se incluirán también en los planes de estudios de los títulos universitarios que los requieran, especialmente en aquellos relacionados con los medios de comunicación y con la publicidad. En estos casos, los contenidos van a tratar sobre las violencias sexuales desde la perspectiva de los estereotipos de género y los derechos de las víctimas.
- **Ámbito laboral:** las condiciones de trabajo en las empresas deben ser las adecuadas para impedir conductas contrarias a la libertad sexual y a la integridad moral en el trabajo; sobre todo, el acoso sexual y el acoso por razón de sexo. Para prevenir dichas conductas, se crearán procedimientos y canales de denuncias para las víctimas, incluso las del ámbito digital.
  Las características de las medidas de prevención y sensibilización que la empresa debe adoptar son:
  - Consisten en códigos de buenas prácticas, campañas informativas, protocolos de actuación o acciones formativas, cuya creación y di-

vulgación requiere de una negociación previa con los representantes de las personas trabajadoras.

- Se aplican a todas las personas trabajadoras de la empresa, independientemente de su contrato, incluyéndose entre ellas a las becarias, voluntariado y personas contratadas por empresas de trabajo temporal.
- La empresa debe fomentar la sensibilización en materia de violencias sexuales.
- La empresa ha de ofrecer al conjunto de trabajadores y trabajadoras la realización de acciones formativas relacionadas con la protección frente a este tipo de violencias.
- Cuando se realice la valoración de los puestos de trabajo de las trabajadoras, se incluirá la violencia sexual como riesgo laboral.

NOTA

En los ámbitos sanitario, sociosanitario y de servicios sociales, las Administraciones competentes han de fomentar la aplicación de medidas de prevención y sensibilización entre las personas usuarias de dichos ámbitos.

En el **ámbito de la información y la comunicación,** la aplicación de las medidas de prevención y sensibilización de las violencias sexuales debe partir desde el respeto a la libertad de expresión, independencia y libertad de prestación de servicios. Estas medidas son:

- Convenios con prestadores de servicios para que elaboren y apliquen medidas y buenas prácticas en el tratamiento de las situaciones.
- Acciones formativas para que el personal informe con objetividad, sin estereotipos de género, respetando la dignidad de las víctimas y sus derechos.
- Acuerdos de autorregulación que, junto con mecanismos de control preventivos y de resolución de conflictos, ayuden en la prevención y sensibilización del personal.

En el **ámbito publicitario,** la medida que aplicar consiste en la adopción de acuerdos con las empresas de publicidad para que incluyan en sus códigos de conducta la prevención de las violencias sexuales. Con este fin, las personas trabajadoras de este sector han de recibir formación en esa materia.

PARA SABER MÁS

La Ley de garantía integral de la libertad sexual regula también medidas de prevención y sensibilización en ámbitos tales como las Administraciones públicas, el ámbito castrense, las instituciones residenciales y centros penitenciarios o de internamiento, los espacios públicos y el ámbito político y social. Para visualizar dichas medidas, puedes acceder a los artículos 13 a 17 de la norma desde aquí:

https://redirectoronline.com/derecholibertadsexual0201

TAREA 2

En un curso sobre prevención de las violencias sexuales plantean las siguientes situaciones y preguntan lo siguiente: ¿qué se está haciendo mal en los siguientes casos?

- En el informativo semanal de una televisión local han dado la noticia de que una adolescente ha sufrido una agresión sexual a la salida de un festival. El reportero que ha cubierto la noticia al final de su intervención ha dicho lo siguiente: “algo iría buscando y se le fue de las manos”.
- Una empresa va a aplicar un conjunto de medidas para sensibilizar a su personal en materia de violencias sexuales, y Juan Pablo, becario, se ha visto excluido. Al preguntar sobre ello, el Departamento de Recursos Humanos le ha dicho que la empresa no ha tenido en cuenta al personal becario ni a los contratados por la empresa de trabajo temporal.

4. ¿Cómo detectar la violencia sexual? Protocolos de actuación

HILO CONDUCTOR

Pedro pide una tutoría a Margarita para informarla de que, por su condición homosexual, algunos compañeros tienen conductas muy poco adecuadas hacia él. Margarita observa a su alumnado para detectarlas y conocer el alcance de la situación. Cree que Pedro está sufriendo acoso sexual por parte de un compañero.

Las instituciones públicas, con competencias en servicios sociales y sociosanitarios, en educación y en sanidad, son las responsables del desarrollo de las actuaciones necesarias para detectar e identificar situaciones de violencia sexual. Estos órganos deben **fomentar el diseño de los protocolos específicos** en dichos ámbitos, de forma que se puedan detectar las situaciones, actuar sobre ellas y derivarlas, con especial énfasis en las víctimas menores de edad y discapacitadas.

Si, al detectar una situación de violencia sexual, las víctimas son niñas o niños, existe la **obligación de denunciar,** pero, además, la institución competente debe cumplir con la **obligación de comunicación** (título II, Ley Orgánica 8/2021).

IMPORTANTE

Cuando un caso de violencia sexual afecte al derecho a la protección de datos personales, las víctimas o quienes tuvieran conocimiento de ello pueden comunicarlo a la Agencia Española de Protección de Datos.

Para prevenir, detectar y eliminar las violencias sexuales en el **ámbito de la educación,** las instituciones competentes en materia educativa elaboran **protocolos de actuación** para cada nivel educativo, tanto en el ámbito público como en el privado, incluido el universitario. Estos protocolos incluyen actividades de prevención y sistemas de detección precoz e intervención para los casos de violencias sexuales.

La Administración educativa debe fomentar respecto de los protocolos de actuación:

Su aplicación	Su actualización permanente	Su difusión

EJEMPLO

El director de un instituto de Huesca, ante los casos de violencia sexual que están ocurriendo en otros centros de formación, quiere implementar actuaciones preventivas. Acaba de conocer que el Gobierno de Aragón ha publicado un protocolo de actuación para el ámbito educativo. Consulta y analiza el protocolo para aplicarlo lo antes posible en el instituto. Puedes acceder al protocolo desde aquí:

https://redirectoronline.com/derecholibertadsexual0202

Otro sector desde el que se pueden detectar las violencias sexuales y dar una respuesta a las víctimas es el **ámbito sanitario.** Para ello, la norma implica a distintos órganos públicos en la creación de **medidas, protocolos y acciones** dirigidas a estos objetivos. Así están:

- **Administraciones sanitarias**
  A las Administraciones sanitarias les corresponde:
  - Proporcionar formación adecuada para que tanto el personal sanitario como no sanitario sea capaz de detectar los casos de violencias sexuales.

- Proponer, en el sector sanitario, las medidas que crean necesarias para contribuir al máximo en la detección y respuesta a las víctimas de este tipo de violencias.
- Incluir en aquellos planes nacionales de salud que lo necesiten un apartado de prevención, detección e intervención integral frente a las violencias sexuales.

Comisión contra la Violencia de Género

Las funciones de esta comisión son:

- Prestar ayuda técnica.
- Asesorar sobre las medidas sanitarias que aplicar.
- Evaluar y proponer medidas que ayuden a prevenir, detectar y responder de forma ágil a las violencias sexuales.

PARA SABER MÁS

La Comisión, junto con el Observatorio de Salud de las Mujeres, está elaborando un protocolo común de actuaciones desde los servicios sanitarios para que sean capaces de detectar e intervenir en las violencias sexuales presentes y pasadas. Un resumen de los contenidos principales de este protocolo lo ofrece la Guía de Pautas Básicas del Sistema Nacional de Salud (SNS). Accede a la página web del sistema para consultar los protocolos, guías e instrumentos disponibles, desde aquí:

https://redirectoronline.com/derecholibertadsexual0203

Al igual que en el sector educativo y sanitario, en el **ámbito sociosanitario y de servicios sociales,** la norma también promueve, en las Administraciones públicas competentes, la realización de actuaciones encaminadas a detectar las violencias sexuales en las residencias y en los espacios ambulatorios. Estas son:

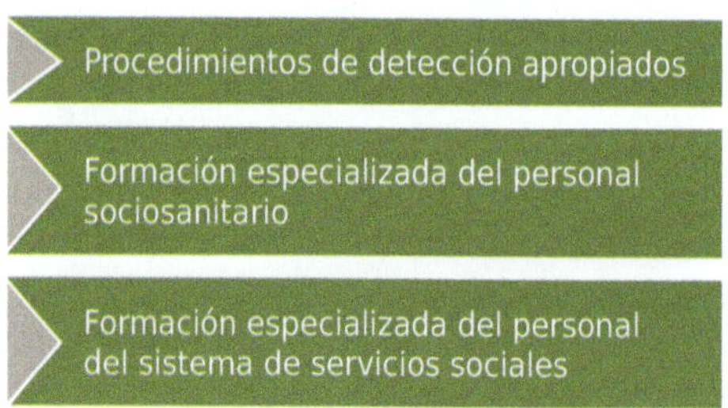

NOTA

Cuando sea necesario, se puede incluir un apartado sobre la prevención, detección e intervención de las violencias sexuales en los planes de servicios sociales, los planes de prevención de las situaciones de dependencia y en los planes de prevención de deficiencias y de intensificación de discapacidades.

ACTIVIDAD COMPLEMENTARIA

2. Resuelve la siguiente cuestión: además de los protocolos de actuación en los ámbitos educativo, sanitario y servicios sociales, ¿en qué otros casos se promueve su creación? Explica tu respuesta y muestra un protocolo relacionado.

5. Formación para la prevención y sensibilización de la violencia sexual

HILO CONDUCTOR

Una vez gestionados los casos de Pedro y Carolina, Margarita se pregunta si el instituto debe facilitarle a ella y a sus compañeros algún tipo de formación en materia de violencias sexuales en el ámbito educativo. La dirección del centro

Continúa en página siguiente >>

<< Viene de página anterior

la ha informado de que se están gestionando acciones formativas en esta materia, ya que la Ley de garantía integral de la libertad sexual así lo recomienda.

La Ley Orgánica 10/2022 recoge que existen determinados sectores en los que se debe garantizar la especialización profesional en materia de violencias sexuales mediante la **formación obligatoria y la formación continua.** Concretamente, en aquellos sectores con implicación directa o indirecta en la prevención, detección, reparación y respuesta a este tipo de violencias; y en la atención a las víctimas. Además de la formación del personal que tiene trato directo con menores de edad.

SABÍAS QUE...

El Gobierno, junto con las comunidades autónomas, creará un programa marco de formación y de reciclaje para los sectores implicados.

En líneas generales, los sectores y las **características de la formación** en materia de violencias sexuales son:

- **Educativo:** la formación en materia de violencias sexuales de los profesionales de la educación se caracteriza por:
  - En los planes de estudios de los títulos universitarios de profesiones docentes, se deben incluir contenidos adecuados para capacitar al alumnado en la prevención, sensibilización, detección y formación.
  - En la formación continua de los docentes no universitarios y del personal de administración y de servicios, se han de integrar contenidos para capacitarlos en la sensibilización y prevención, mayormente en el entorno digital.
  - En la formación permanente de los docentes universitarios y del personal de administración y de servicios, se deben introducir contenidos para capacitarlos en la prevención, sensibilización y detección.

- **Sanitario, sociosanitario y de servicios sociales:** en los planes de estudio de los títulos universitarios y en la formación profesional relacionada con estos sectores, se integrarán contenidos para la prevención, detección, intervención y apoyo a las víctimas de violencias sexuales.
  En lo que respecta a la formación continua del personal del Sistema Nacional de Salud y de los servicios sociales, se debe incluir en sus planes de estudio temario relacionado con la sensibilización y la formación en prevención, detección y actuación en este tipo de violencias, además del tratamiento y derechos de las víctimas.
- **Judicial:** en la formación permanente, para la promoción interna y para el acceso a los cuerpos de las fuerzas y cuerpos de seguridad del Estado, se han de contemplar planes de estudio bajo la perspectiva de género, incluyendo temarios sobre la protección, prevención, detección, sensibilización, sanción, eliminación, tratamiento y respuesta en los casos de violencias sexuales.
  En lo que respecta al temario de la carrera judicial, fiscal y de la Administración de Justicia en general, se ha de garantizar que incorporan contenidos relacionados con la igualdad entre hombres y mujeres, y la protección integral hacia toda forma de violencia sexual. Asimismo, la formación continua en este ámbito incluirá de forma transversal la perspectiva de género y el derecho a la justicia de este tipo de víctimas.
  De igual forma, los abogados, procuradores y forenses que asistan a las víctimas de las violencias sexuales deben recibir formación periódica en materia de igualdad, perspectiva de género y protección integral contra todas las violencias sexuales.
  En la formación inicial, continua y para la promoción interna de las personas trabajadoras del ámbito penitenciario y de los centros de internamiento de menores se debe incluir temario bajo la perspectiva de género y sobre la protección integral contra las violencias sexuales.

SABÍAS QUE...

Para garantizar la atención a las víctimas españolas de violencias sexuales en el extranjero, el personal de asistencia consular incluirá en su formación inicial y continua contenidos sobre esta materia.

NOTA

En la evaluación y acreditación de los planes de estudio de los títulos universitarios se debe comprobar que estos cumplen con las exigencias en materia de prevención, detección y sensibilización de las violencias sexuales.

APLICACIÓN PRÁCTICA

Antonio acaba de terminar bachiller. Está ojeando los planes de estudios de algunas de las profesiones que más le interesan, como policía local, cocinero, forense y trabajador social. Se ha dado cuenta de que existen algunos de ellos que ya cuentan con temario relacionado con la prevención y sensibilización en materia de violencias sexuales. Identifícalos.

Solución

Las profesiones cuyos planes de estudio deberán integrar contenidos sobre la prevención, sensibilización y protección frente a las violencias machistas son los relacionados con el ámbito educativo, sanitario, sociosanitario, servicios sociales, justicia y asuntos exteriores.

En este caso, las profesiones que contarán con contenidos de esta materia son la de policía local, por ser fuerzas y cuerpos de seguridad del Estado; la de forense, por estar regulada concretamente en la ley orgánica, y la de trabajador social, por pertenecer al ámbito de los servicios sociales. La profesión de cocinero no está específicamente regulada en la ley orgánica como una de las que requieren esa formación en sus planes de estudio.

6. Resumen

La Ley Orgánica 10/2022 desarrolla los **fines** que persiguen las medidas de protocción y prevención aplicables en los casos de violencias sexuales, encontrando, entre ellos, fortalecer las medidas de sensibilización, garantizar los derechos de las víctimas, fortalecer el marco legal vigente, garantizar la autonomía económica de las víctimas, etc. Estas medidas cuentan con un conjunto de **principios rectores** relacionados con el respeto, protección y garantía de derechos, diligencia debida, enfoque de género, prohibición de discriminación, atención a la discriminación interseccional y múltiple, accesibilidad, empoderamiento, participación, equidad territorial y colaboración.

Con el objetivo de fomentar la prevención e informar sobre las violencias sexuales, la **Administración pública elabora y da difusión a campañas** dirigidas a grupos concretos.

Las medidas integrales de sensibilización, prevención, detección y protección de las violencias sexuales **se aplican a distintos ámbitos** de la sociedad, tales como:

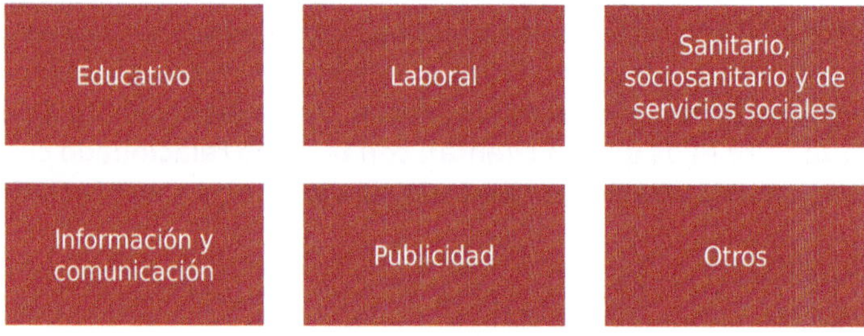

Las Administraciones públicas competentes en materia de servicios sociales y sociosanitarios, educativos y sanitarios son los encargados de **desarrollar y fomentar el diseño de protocolos** frente a las violencias sexuales. Sus características generales son:

Ámbito de la educación

- Protocolos de actuación para cada nivel educativo, público o privado, incluido el universitario.
- La Administración fomentará su aplicación, actualización y difusión.

Ámbito sanitario

- Las Administraciones sanitarias proporcionan formación, aplican medidas e incluyen contenidos en sus planes de salud.
- La Comisión contra la Violencia de Género tiene entre sus funciones algunas relacionadas con la prevención, detección y respuesta a estas violencias.

Continúa en página siguiente >>

<< Viene de página anterior

Ámbito sociosanitario y de servicios sociales

- Propone actuaciones para detectar las violencias sexuales en residencias y espacios ambulatorios, como son los procedimientos de detección, formación especializada del personal sociosanitario y la del personal del sistema de servicios sociales.

Existen determinados sectores en los que se debe garantizar la especialización profesional en materia de violencias sexuales, mediante la **formación obligatoria y la formación continua.** Las características de los contenidos de los planes de formación difieren si son del ámbito educativo, sanitario, sociosanitario, de servicios sociales o judicial.

Ejercicios de autoevaluación Unidad de Aprendizaje 2

1. **¿Qué no persiguen las medidas de protección y prevención que se aplican a las violencias sexuales?**

    a. Impedir la aplicación del principio de transversalidad.
    b. Fortalecer el marco legal vigente.
    c. Promover la colaboración y participación de las entidades, asociaciones y organizaciones.
    d. Garantizar la autonomía económica de la víctima.

2. **¿Qué principio de la Ley de garantía integral de la libertad sexual indica que "la respuesta de las instituciones ante un caso de violencia sexual debe darse desde todos los ámbitos: prevención, protección, asistencia, reparación a las víctimas y promoción de la justicia"?**

    a. Equidad territorial
    b. Empoderamiento
    c. Diligencia debida
    d. Enfoque de género

3. **Indica si la siguiente afirmación es verdadera o falsa: "Los partidos políticos también deben aplicar medidas de prevención y sensibilización de las violencias sexuales".**

    - Verdadero
    - Falso

4. **Indica si la siguiente afirmación es verdadera o falsa: "Las campañas de concienciación y sensibilización para eliminar los prejuicios por los roles adoptados por estereotipos de género van dirigidas principalmente a sexo masculino".**

    - Verdadero
    - Falso

5. **Indica si la siguiente afirmación es verdadera o falsa: "Las medidas de prevención y sensibilización sobre las violencias sexuales en el ámbito educativo consisten en la integración de contenidos formativos en los currículos".**

   - Verdadero
   - Falso

6. **Indica si la siguiente afirmación es verdadera o falsa: "Cuando se detecta un caso de violencia sexual sobre niñas o niños solo existe la obligación de denunciar, sin que la Administración pública tenga ninguna otra obligación".**

   - Verdadero
   - Falso

7. **¿Qué incluyen los protocolos de actuación en el ámbito de la educación? Señala todas las respuestas correctas.**

   a. Actividades de prevención.
   b. Sistemas de detección precoz.
   c. Sistemas de intervención.
   d. Nombramiento del responsable de la actuación.

8. **La Comisión contra la Violencia de Género, ¿qué funciones tiene en la detección y respuesta a las violencias sexuales? Señala todas las respuestas correctas.**

   a. Ofrecer apoyo normativo.
   b. Asesoramiento sobre las medidas sanitarias que se pueden aplicar.
   c. Evaluar y proponer medidas de ayuda eficientes.
   d. Comunicar al resto de instituciones implicadas las violencias sexuales detectadas.

9. **Los planes de estudio de las fuerzas y cuerpos de seguridad del Estado incluyen en materia de violencias sexuales temario relacionado con: Señala todas las respuestas correctas.**

   a. La aplicación de la LOPDGDD.
   b. El derecho a la justicia.

c. Las sanciones que aplicar.
d. El tratamiento y la respuesta que ofrecer.

10. En relación con las personas trabajadoras de los centros penitenciarios, ¿en qué tipo de formación se ha de incluir temario bajo la perspectiva de género?

a. En la formación para la promoción interna.
b. En la formación inicial.
c. En la formación continua.
d. Todas las opciones son correctas.

Unidad de Aprendizaje 3

Derechos de las víctimas y actuaciones sobre el delito

Contenido

1. Introducción
2. Derechos de las víctimas
3. Actuaciones policiales y judiciales
4. Resumen

Objetivo

El objetivo general de esta Unidad de Aprendizaje es:

→ Comparar los distintos tipos de derechos que asisten a las víctimas de violencias sexuales y las actuaciones pertinentes.

Los objetivos específicos de esta Unidad de Aprendizaje son:

→ Describir los aspectos específicos de los derechos laborales de las víctimas.

→ Identificar los derechos que amparan a las víctimas de las violencias sexuales.

→ Explicar las actuaciones que se llevan a cabo en el ámbito policial y de la justicia para asistir a las víctimas de violencias sexuales.

1. Introducción

Según un informe del Grupo de Expertos en Acción contra la Violencia contra las Mujeres y la Violencia Doméstica (GREVIO) del Consejo de Europa, España debía dar respuesta a una serie de cumplimientos relacionados con todas las formas de violencia, particularmente la violencia sexual, ya que sus políticas estaban muy centradas en la violencia de género, no prestando atención al resto de violencias existentes en la sociedad.

La Ley Orgánica 10/2022 ha nacido como solución a este requerimiento europeo en el que se pedía un tratamiento urgente de determinados aspectos: "todos aquellos aspectos preventivos, de atención, sanción, especialización o asistencia integral que, estando vigentes para otras violencias, no contaban con medidas específicas para poder abordar de forma adecuada y transversal las violencias sexuales".

Los derechos que asisten a las víctimas de violencias sexuales, así como la respuesta de las fuerzas y cuerpos de seguridad del Estado y otros organismos se van a ver reflejadas en las situaciones y actuaciones posteriores que realiza Margarita en su entorno personal.

2. Derechos de las víctimas

☞ HILO CONDUCTOR

Paula, amiga de Margarita, ha sufrido una agresión sexual en el trabajo por parte de su jefe. No se lo ha contado a nadie, pero, como Margarita la conoce muy bien, la ha notado rara desde ese día. Cuando Paula se lo ha confesado, Margarita ha sabido qué hacer. La formación que recibió en el instituto sobre las violencias sexuales le ha servido para conocer los derechos que tiene Paula en esta situación.

La Ley Orgánica 10/2022 regula y desarrolla el **derecho a la asistencia integral especializada y accesible** que tiene toda víctima de violencia sexual. Este derecho las ayuda a superar las consecuencias físicas, psicológicas, sociales, etc., que pueden ocasionar las situaciones que originan estas violencias. Este derecho **incluye como mínimo:**

- Información y orientación sobre derechos y recursos disponibles
- Atención médica en los centros de salud y psicológica en servicios de apoyo
- Servicios de salud mental definidos bajo la perspectiva de género y derechos humanos
- Atención a las necesidades económicas, laborales, de vivienda y sociales
- Asesoramiento previo y asistencia jurídica gratuita
- Seguimiento de las reclamaciones sobre derechos
- Servicios de apoyo a la comunicación (traducción e interpretación)
- Asistencia personal a mujeres con discapacidad
- Atención especializada a menores de edad víctimas de violencias sexuales, de trata y explotación sexual

SABÍAS QUE...

La ley orgánica considera que tienen carácter de servicios esenciales los siguientes: "los servicios de información y orientación, atención psicosocial inmediata, telefónica y en línea, asesoramiento jurídico veinticuatro horas, los servicios de acogida y asistencia social integral, consistentes en orientación jurídica, psicológica y social destinada a las víctimas de violencias sexuales, así como los centros de crisis veinticuatro horas".

Para que las víctimas puedan ejercer este derecho de asistencia, las Administraciones públicas competentes ponen a su disposición una serie de **servicios** gratuitos, accesibles y con personal cualificado. Estos son:

- Centros de crisis veinticuatro horas
- Servicios de recuperación integral
- Servicios de atención a víctimas de trata y explotación sexual
- Servicios de atención especializada a niñas y niños víctimas de violencias sexuales

PARA SABER MÁS

Si quieres conocer lo que incluyen estos servicios, accede a la norma y consulta su artículo 35 desde aquí:

https://redirectoronline.com/derecholibertadsexual0201

Las trabajadoras víctimas de violencias sexuales y las empresas que las tienen contratadas tienen una serie de **derechos laborales y de la Seguridad Social,** que son:

- **Trabajadoras por cuenta ajena:** estos derechos consisten en:

a. La reducción o reordenación del tiempo de trabajo
b. La movilidad geográfica
c. El cambio de centro de trabajo
d. La adaptación de su puesto de trabajo por motivos de su discapacidad, para su reincorporación
e. La suspensión de la relación laboral con reserva de puesto de trabajo por un período inicial máximo de seis meses, prorrogable por trimestres y con un máximo de dieciocho meses
f. La extinción del contrato de trabajo
g. La protección por desempleo
h. La integración social

- **Trabajadoras por cuenta propia:** en el caso de que la víctima sea una trabajadora autónoma y tenga que cesar su actividad, su situación se considera como cese temporal de actividad y no estará obligada a cotizar a la Seguridad Social durante seis meses. Este período es considerado como de cotización efectiva a efectos de prestaciones, y su situación es considerada como asimilada al alta. La base de cotización será la media de las bases cotizadas en los seis meses anteriores a la no obligación de cotizar.

En el caso de demandar un empleo, tiene derecho a las ayudas económicas previstas y a participar en los programas de inserción laboral, al igual que las mujeres desempleadas.

- **Empresas:** cuando la trabajadora por cuenta ajena ejerza los derechos de los apartados b), c) y e), si la empresa formaliza contratos de interinidad para su sustitución, tendrá derecho a una bonificación del 100 % de las cuotas empresariales a la Seguridad Social por contingencias comunes durante todo el período en el supuesto del apartado e) y durante seis meses en el resto. La reincorporación de la trabajadora debe ser en las mismas condiciones que tenía antes de la suspensión, asegurándose los cambios necesarios por motivos de discapacidad, si procede.

NOTA

Los derechos laborales de las funcionarias públicas que son víctimas de violencia sexual consisten en la reducción o reordenación del tiempo de trabajo, en el ejercicio de la movilidad geográfica y en la práctica de las excedencias.

ACTIVIDAD COMPLEMENTARIA

3. Busca información para explicar qué tratamiento ha de darle la empresa a las ausencias o faltas de puntualidad en el trabajo de las trabajadoras víctimas de violencia sexual. ¿Y si fueran funcionarias públicas? Razona tus respuestas.

A las víctimas de las violencias sexuales también las amparan **otros derechos** tales como:

- **Derecho de información:** las víctimas tienen derecho a recibir de la Administración pública la información y el asesoramiento adecuados a su situación personal, que incluye las medidas de protección y seguridad, los derechos y las ayudas que les corresponden, y las oficinas u organismos donde prestan los servicios de atención, emergencia, apoyo y recuperación. Las mujeres con discapacidad, las niñas y los niños que sean víctimas de este tipo de violencias deben tener garantizado el acceso a los derechos, a la información y a los recursos disponibles; al igual que aquellas personas que tengan dificultades de accesibilidad por motivos personales, sociales o del idioma.

- **Autonomía económica:** las víctimas de violencias sexuales tienen derecho a una ayuda económica cuando sus rentas mensuales sean inferiores al SMI o cuando sean económicamente dependientes de una unidad familiar y esta no tenga rentas superiores a dos veces el SMI.
  El importe de la ayuda puede ser equivalente a seis meses de subsidio por desempleo o a doce meses si la víctima tiene una discapacidad igual o superior al 33 %, o a dieciocho meses si tiene personas a su cargo, o a veinticuatro meses si, además de esta circunstancia, la víctima o algún familiar conviviente tiene una discapacidad igual o superior al 33 %.
  La ayuda se puede percibir en un pago único o en seis mensualidades y se puede prorrogar solo una vez. Estas ayudas son compatibles con las indemnizaciones judiciales, con la renta activa de inserción, con el ingreso mínimo vital y con las ayudas autonómicas.
- **Vivienda:** las víctimas de violencias sexuales tienen derecho al acceso prioritario al parque público de vivienda, a los programas de ayudas, a las residencias y a los centros de atención a personas dependientes.

NOTA

Las víctimas de violencias sexuales extranjeras que se encuentren en España en situación irregular tienen los mismos derechos que el resto de víctimas.

Otro derecho importante con el que cuentan las víctimas de violencias sexuales es el **derecho a la reparación del daño.** Este incluye:

- **Indemnización:** con la indemnización derivada del delito se debe garantizar a la víctima, como mínimo:

  - La satisfacción de los daños físicos, psicológicos, morales, materiales, sociales y de pérdida de ingresos ocasionados.
  - El tratamiento terapéutico, social, de salud mental y reproductiva.

  Esta será pagada por la persona dictada como responsable civil o penal.

- **Medidas de recuperación y garantías de no repetición:** estas medidas deben garantizar la plena recuperación física, psíquica y social de las víctimas, mediante los recursos de atención integral de la Administración pública. Además, se pueden establecer ayudas complementarias para las víctimas con secuelas graves derivadas de la violencia sexual y que no queden cubiertas con los recursos de atención y recuperación disponibles. Para garantizar la no repetición de la violencia, las Administraciones públicas impulsan medidas de protección efectivas frente a represalias o amenazas.

- **Reparación simbólica:** hace referencia al reconocimiento de la violencia sexual y las declaraciones de los poderes públicos con las que se pretenden recuperar la dignidad y la reputación de las víctimas. En este sentido, es misión de las instituciones fomentar:
  - El compromiso colectivo frente a este tipo de violencias.
  - El respeto hacia las víctimas.
  - Las acciones de rechazo hacia las violencias.
  - Las medidas para conseguir que no se repita el delito.

PARA SABER MÁS

La Delegación del Gobierno contra la Violencia de Género publicó en 2022 en su página web una guía de derechos para las mujeres víctimas de violencia de género. Puedes acceder aquí para visualizarla:

https://redirectoronline.com/derecholibertadsexual0301

APLICACIÓN PRÁCTICA

Bárbara ejerce como trabajadora social en una oficina de atención a las víctimas. En el último caso de explotación sexual que ha tratado tuvo que informar a la víctima sobre los derechos con los que cuenta.

Continúa en página siguiente >>

<< Viene de página anterior

¿Cuáles son estos derechos? ¿Es el derecho de la Seguridad Social un derecho propio de estas víctimas?

Solución

Entre los derechos que tienen las víctimas de violaciones sexuales, como la explotación sexual, están los siguientes: el derecho a la reparación del daño, que incluye la indemnización, las medidas de recuperación y garantía de no repetición del delito, y la reparación simbólica por parte de las instituciones públicas; el derecho a la autonomía económica mediante la concesión de una ayuda económica cuyo importe dependerá de las circunstancias propias de la víctima y su entorno; y, por último, el derecho a la asistencia integral especializada y accesible, cuyo contenido mínimo está regulado en la Ley Orgánica 10/2022.

No se considera un derecho propio de las víctimas de violaciones sexuales el derecho a una bonificación del 100 % en las cuotas de la Seguridad Social, que se pueden aplicar las empresas que formalicen contratos de interinidad para sustituir a las víctimas de violaciones sexuales.

3. Actuaciones policiales y judiciales

HILO CONDUCTOR

Desde el momento que Margarita sabe lo que le ha ocurrido a su amiga Paula, la está animando y apoyando para que ponga en conocimiento de la Policía y de su abogado lo sucedido. Una vez que lo ha hecho, se han puesto en marcha los protocolos de actuación policiales y judiciales específicos para estos casos.

Las **fuerzas y cuerpos de seguridad del Estado, así como las Policías autonómicas y locales** que están especializadas en la prevención de la violencia de género, se instruirán para incluir en su especialización las violencias sexuales, sus protocolos de intervención y la asistencia a las víctimas. Para ello es necesario adaptar las herramientas y los protocolos policiales de trabajo.

Las **características generales de las actuaciones policiales** son:

- Las víctimas serán atendidas por personal especializado en materia de violencia de género y violencias sexuales. En el caso de los menores de edad, por unidades especializadas en la investigación y prevención de situaciones de violencia contra la infancia y la adolescencia.
- La investigación policial se realizará con técnicas avanzadas (herramientas tecnológicas) que puedan acreditar los hechos constitutivos de violencia sexual, protegiendo la integridad e intimidad de las víctimas.
- Es competencia de la Policía aplicar medidas para evaluar el riesgo y de protección a las víctimas, para evitar que se repita el caso de violencia y proporcionar protección frente a represalias o amenazas. Asimismo, deben vigilar y controlar que se cumplen las medidas judiciales de protección hacia la víctima.
- Los acuerdos de formación y colaboración entre la Policía autonómica y local se deben fomentar para dar una primera respuesta policial adecuada a las víctimas de las violencias sexuales.

Para acceder y obtener justicia, las víctimas cuentan con una serie de **actuaciones y servicios,** siendo estos:

- **Actuaciones para acreditar el delito:** las actuaciones fundamentales para acreditar el delito en los casos de violencias sexuales contra mujeres, niñas y niños tratan sobre:

  - Las unidades de valoración forense integral que intervienen en las primeras fases del proceso y que se encargan de diseñar los protocolos de actuación global e integral y de elaboración de los informes valorativos en los que se incluye el daño social.
  - La disponibilidad del personal médico forense para garantizar que el examen y las actuaciones legales se realicen sin retraso y junto con el reconocimiento ginecológico o médico respectivo y cualquier otro estudio necesario.

- **Servicios de protección, acompañamiento y seguridad:** las oficinas de atención a las víctimas son un servicio que proporciona a las víctimas de violencias sexuales información en general, sobre la denuncia, sobre el derecho que tienen a recibir una indemnización y sobre la asistencia judicial gratuita. Además, ofrecen acompañamiento a las víctimas durante todo el proceso judicial.
  La Agencia Española de Protección de Datos, en el ejercicio de sus funciones, ha de garantizar la protección de los datos personales de las víctimas de violencias sexuales, en especial cuando se produzcan en el entorno de las tecnologías de la información y la comunicación. Las

actuaciones y procedimientos sobre las violencias sexuales deben proteger la intimidad y los datos personales de las víctimas.

IMPORTANTE

Cuando la víctima de la violencia sexual sea un menor de edad, se deben aplicar medidas que garanticen en todo momento su protección, acompañamiento y seguridad.

TAREA 3

Ildefonso, de quince años, ha sido violado por un grupo de chicos que han compartido en las redes sociales la agresión cometida. ¿Qué actuaciones y servicios asisten a Ildefonso como víctima de una violencia sexual? Explica brevemente en qué consisten.

4. Resumen

Los **principales derechos** con los que cuentan las víctimas de violencias sexuales son:

- **Derecho a la asistencia integral especializada y accesible:**
  - Ayuda a superar las consecuencias físicas, psicológicas y sociales, entre otras, que se derivan de las violencias.
  - Tiene un contenido mínimo regulado por la ley orgánica.
  - Hay una serie de servicios gratuitos y especializados para su ejercicio.
- **Derechos laborales y de la Seguridad Social:**
  - Incluye derechos para las trabajadoras por cuenta ajena y para las trabajadoras por cuenta propia.
  - Contiene una bonificación a la Seguridad Social para la empresa implicada.

- **Derecho a la reparación del daño:**
  - La víctima tiene derecho a recibir una indemnización.
  - Para ejercerlo se aplican medidas de recuperación y garantías de no repetición.
  - Las instituciones han de conseguir la reparación simbólica.

- **Otros derechos:**
  - De información
  - Autonomía económica
  - Vivienda

Las actuaciones de las fuerzas y cuerpos de seguridad del Estado, y de la Policía autonómica y local, así como las actuaciones y servicios del ámbito judicial, se caracterizan por:

- **Actuaciones policiales:**
  - Las víctimas son atendidas por personal especializado en violencias sexuales.
  - En la investigación policial se utilizan técnicas avanzadas para acreditar los hechos.
  - Han de aplicar medidas de evaluación del riesgo y protección a las víctimas, además de las de control sobre el cumplimiento de las medidas judiciales impuestas.

- **Actuaciones y servicios judiciales:**
  - En las actuaciones para acreditar el delito se incluyen las unidades de valoración forense integral, que son las que emiten el informe valorativo; y el personal médico forense, que realiza el examen médico junto con el reconocimiento ginecológico pertinente.
  - Como servicios de protección, acompañamiento y seguridad, existen las oficinas de atención a las víctimas (proporciona información) y la Agencia Española de Protección de Datos (garantiza la protección de los datos personales de las víctimas).

Ejercicios de autoevaluación Unidad de Aprendizaje 3

1. El contenido mínimo del derecho a la asistencia integral tiene, entre otros apartados:

a. Servicios de salud mental
b. Asistencia jurídica gratuita
c. Servicios de traducción e interpretación
d. Todas las opciones son correctas.

2. ¿Cuáles de las siguientes opciones son derechos de las víctimas de las violencias sexuales? Señala todas las respuestas correctas.

a. Previsión
b. Repetición de actuaciones
c. Información
d. Reparación del daño

3. Los centros de crisis veinticuatro horas son:

a. Accesibles solo para los menores de edad
b. Gratuitos
c. Servicios con personal administrativo
d. De ámbito autonómico

4. ¿Qué período máximo se puede prorrogar la suspensión de la relación laboral entre una víctima de violencia sexual y su empresa?

a. Dieciocho meses
b. Un año
c. Tres trimestres no consecutivos
d. Seis meses

5. **Indica si la siguiente afirmación es verdadera o falsa: "La bonificación de las cuotas empresariales a la Seguridad Social es para las empresas que formalizan contratos para sustituir a las víctimas que han ejercido cualquiera de los derechos laborales para las trabajadoras por cuenta ajena".**

   - Verdadero
   - Falso

6. **Indica si la siguiente afirmación es verdadera o falsa: "Cuando la víctima de violencia sexual es extranjera en situación irregular en España, la asisten los mismos derechos que al resto de víctimas".**

   - Verdadero
   - Falso

7. **¿La satisfacción de qué daños se debe garantizar con la indemnización que le corresponde a la víctima de violencia sexual? Señala todas las respuestas correctas.**

   a. Morales y psicológicos
   b. Físicos y materiales
   c. Sociales
   d. Terapéuticos

8. **¿Quién diseña el protocolo de elaboración del informe valorativo?**

   a. La oficina de atención a las víctimas
   b. Las unidades de valoración forense integral
   c. El personal médico forense
   d. Las fuerzas y cuerpos de seguridad del Estado

9. **A la víctima de violencia sexual, ¿qué tipo de información le suministra la oficina de atención a las víctimas? Señala todas las respuestas correctas.**

   a. Sobre la denuncia
   b. Sobre los beneficios laborales
   c. Sobre la asistencia judicial gratuita
   d. Sobre el derecho de indemnización

10. Indica si la siguiente afirmación es verdadera o falsa: "La Agencia Española de Protección de Datos garantiza los datos íntimos de las personas agresoras".

- Verdadero
- Falso

Glosario

Acoso por razón de sexo
Comportamiento no deseado y que está relacionado con el sexo de una persona, con la finalidad de atentar contra su dignidad y de crear un entorno intimidatorio, hostil, degradante, humillante u ofensivo.

Acoso sexual
Comportamiento, ya sea verbal, no verbal o físico, de carácter sexual que atenta contra la dignidad de una persona, especialmente si se crea un entorno intimidatorio, hostil, degradante, humillante u ofensivo.

Coacción
Violencia que se ejerce sobre una persona para obligarla a decir o hacer algo contra su voluntad.

Coeducación
Educación impartida tanto a un sexo como a otro de forma conjunta.

Consentimiento
Expresión con la que una persona permite algo.

Contingencias comunes
La cotización por este concepto está destinada a la cobertura de todas las situaciones incluidas en la acción protectora del Régimen General de la Seguridad Social, siempre que se deriven de enfermedades comunes que no provengan del trabajo y que no estén consideradas como profesionales, así como de los accidentes que sucedan fuera de la empresa y que no tengan relación con la prestación de servicios por cuenta ajena.

Contrato de interinidad
Contrato temporal celebrado entre empresa y persona trabajadora para sustituir a una persona trabajadora indefinida que no asistirá a su puesto de trabajo por un período de tiempo determinado.

Cotización a la Seguridad Social
Según este organismo, "es la acción por la cual los sujetos obligados aportan recursos económicos al sistema de la Seguridad Social, en virtud de su inclusión en dicho sistema, por el ejercicio de una actividad laboral".

Desempleo
Es una prestación económica de carácter contributivo que reciben las personas trabajadoras por cuenta ajena que han perdido su trabajo.

Empoderamiento
Acción de empoderar. Hacer fuerte a una persona o grupo social desfavorecido.

Enfoque interseccional
Es aquel que se basa en la interseccionalidad, definida esta como la interacción entre dos o más factores sociales, como género, etnia, raza, etc., que definen a una persona.

Equidad
Dar a cada persona lo que le corresponde según sus méritos o condiciones.

Estereotipo
Idea aceptada como modelo.

Exhibicionismo
Según la RAE, "es la perversión consistente en el impulso a mostrar los órganos genitales".

Extorsión sexual
Chantaje que consiste en amenazar a alguien con publicar material sensible si no accede a determinadas situaciones (imágenes sexuales explícitas, favores sexuales, etc.).

Feminista
Persona partidaria del feminismo.

Grupo de iguales
Grupo social que se compone de personas que tienen en común la edad, posición social o intereses.

Intimidación
Es la acción por la que se le hace sentir a alguien miedo.

Movilidad geográfica
Hace referencia al cambio del lugar geográfico en el que habitualmente presta sus servicios la persona trabajadora, y que con frecuencia la obliga a cambiar de residencia.

Pedagogía feminista
Conjunto de estrategias de enseñanza, contenidos, prácticas y relaciones educador-alumnado basado en el enfoque feminista.

Pornografía
Representación de escenas sobre actividades sexuales.

Prejuicio
Opinión negativa preconcebida hacia algo o alguien que no se conoce bien.

SMI
Salario mínimo interprofesional. Retribución mínima que deben recibir las personas trabajadoras, cualquiera que fuese su actividad, por su trabajo.

Bibliografía

Textos electrónicos, bases de datos y programas informáticos

→ Instituto de las Mujeres, de: <https://www.inmujeres.gob.es/>.

Págin a web nacional del Instituto de la Mujeres en la que se puede encontrar información muy diversa relacionada con el ámbito de la igualdad, en los distintos escenarios donde se puede aplicar.

→ Ministerio de Igualdad, de: <http://www.igualdad.gob.es/>.

Página web del Ministerio de Igualdad integrada por enlaces a organismos relacionados con este ámbito e información actual sobre diversos ámbitos relacionados con la igualdad.

→ Delegación del Gobierno contra la Violencia de Género, de: <https://violenciagenero.igualdad.gob.es/>.

Página web de este organismo dependiente del Ministerio de Igualdad, que suministra información no solo de la violencia de género, sino también de otras formas de violencia contra la mujer.

Legislación

→ Ley Orgánica 10/2022, de 6 de septiembre, de garantía integral de la libertad sexual.

Norma legal que tiene por objeto desarrollar directrices para garantizar y proteger la libertad sexual y eliminar todas las formas de violencias sexuales.